DANS MA COMMUNAUTÉ

MON HÔPITAL LOCAL

COLLECTION CRABTREE « LES JEUNES PLANTES »

Alan Walker

CRABTREE
PUBLISHING COMPANY
WWW.CRABTREEBOOKS.COM

Mon hôpital local a beaucoup de chambres.

HOSPITAL

Plusieurs de ces chambres ont des lits pour les **patients**.

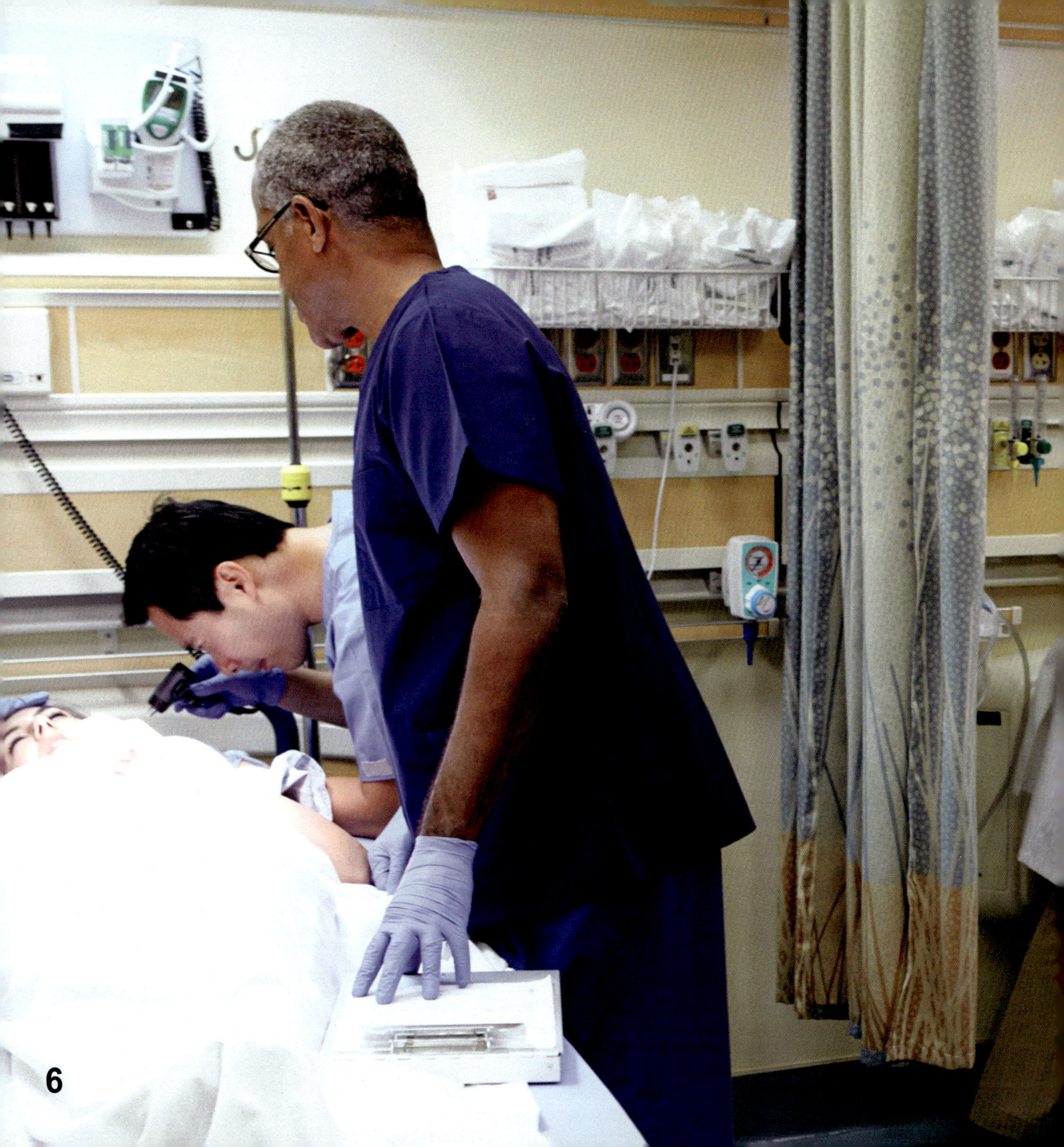

Les médecins et les infirmiers prennent soin des patients.

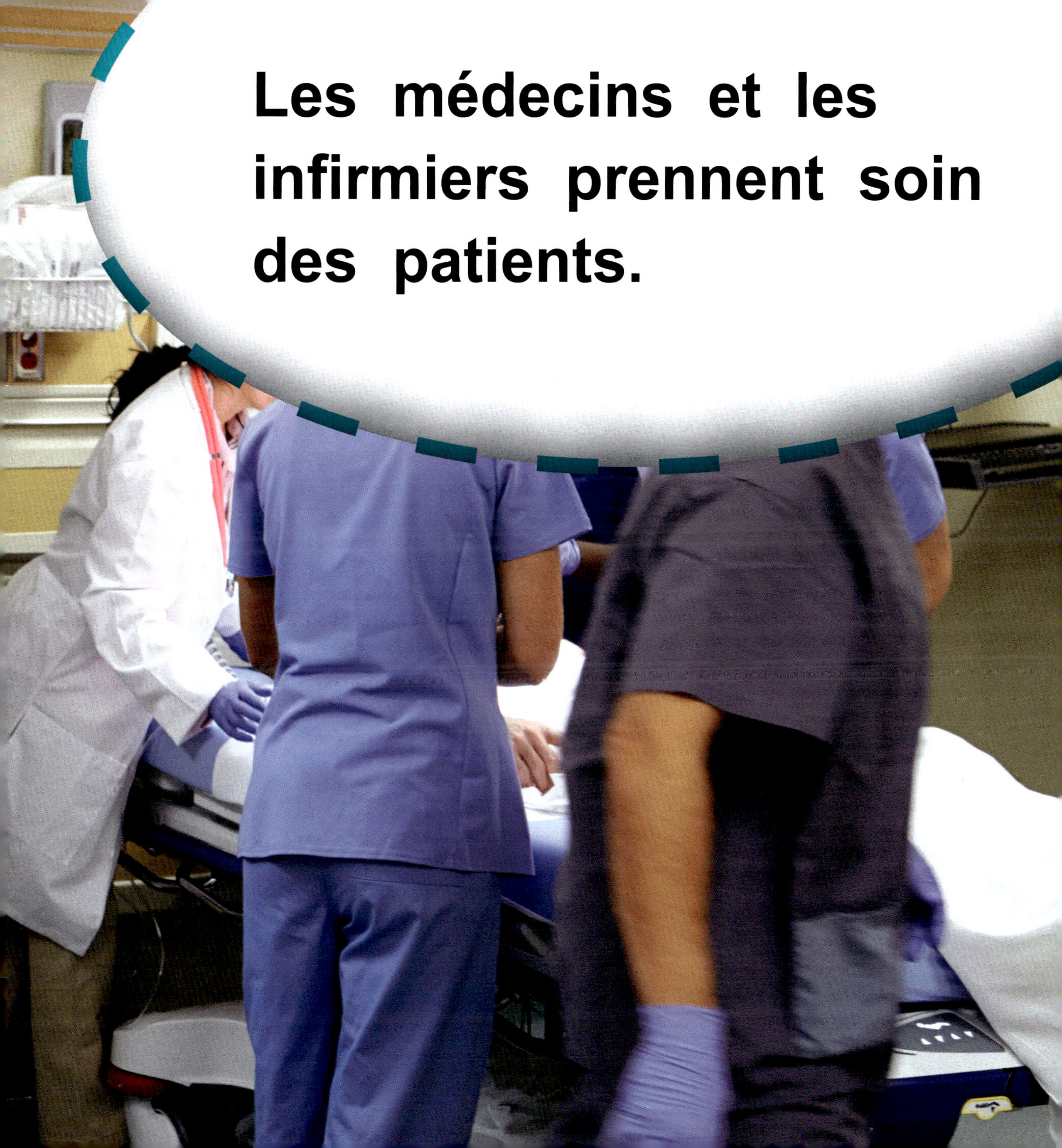

Mon hôpital local a une salle d’opération.

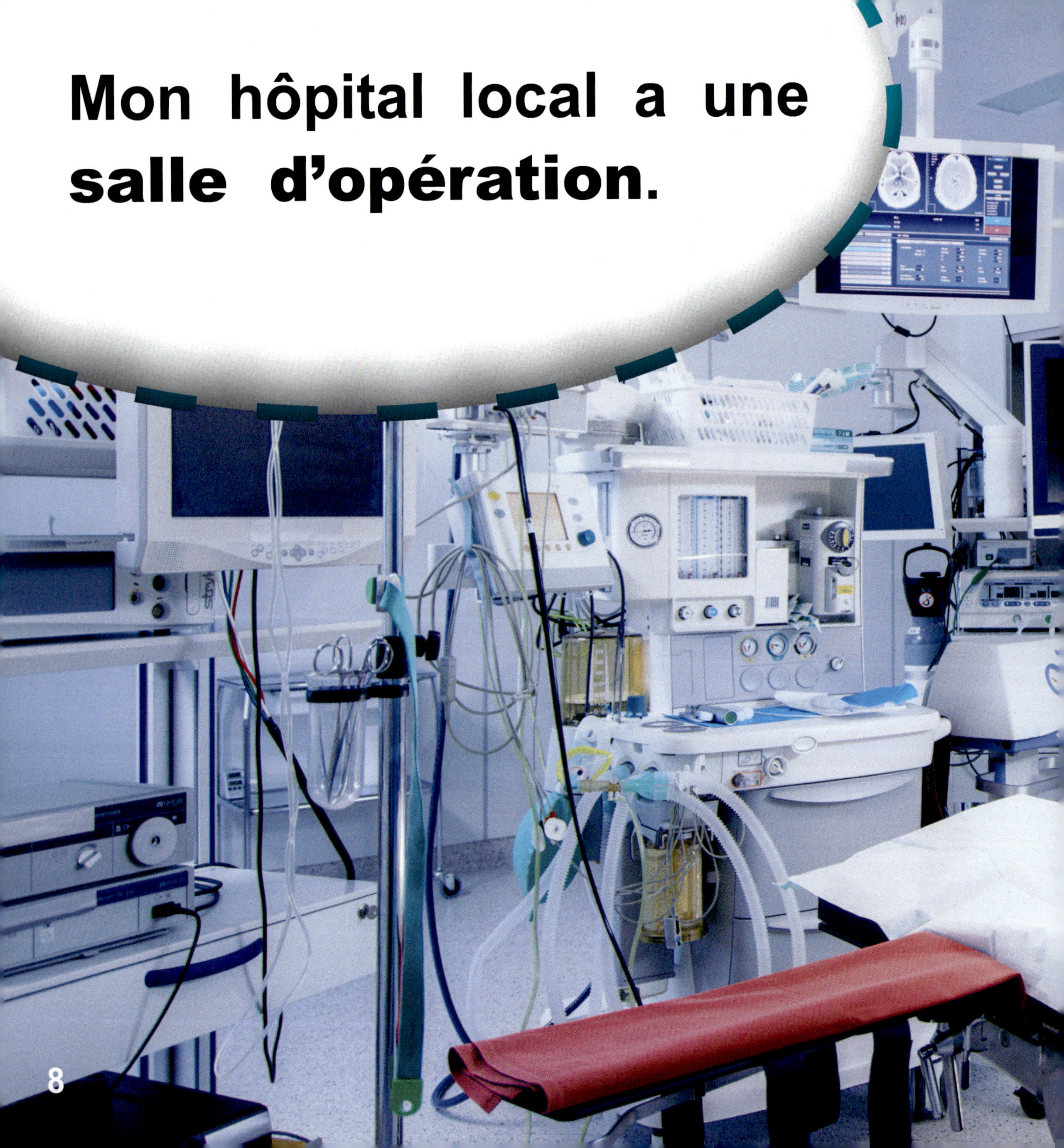

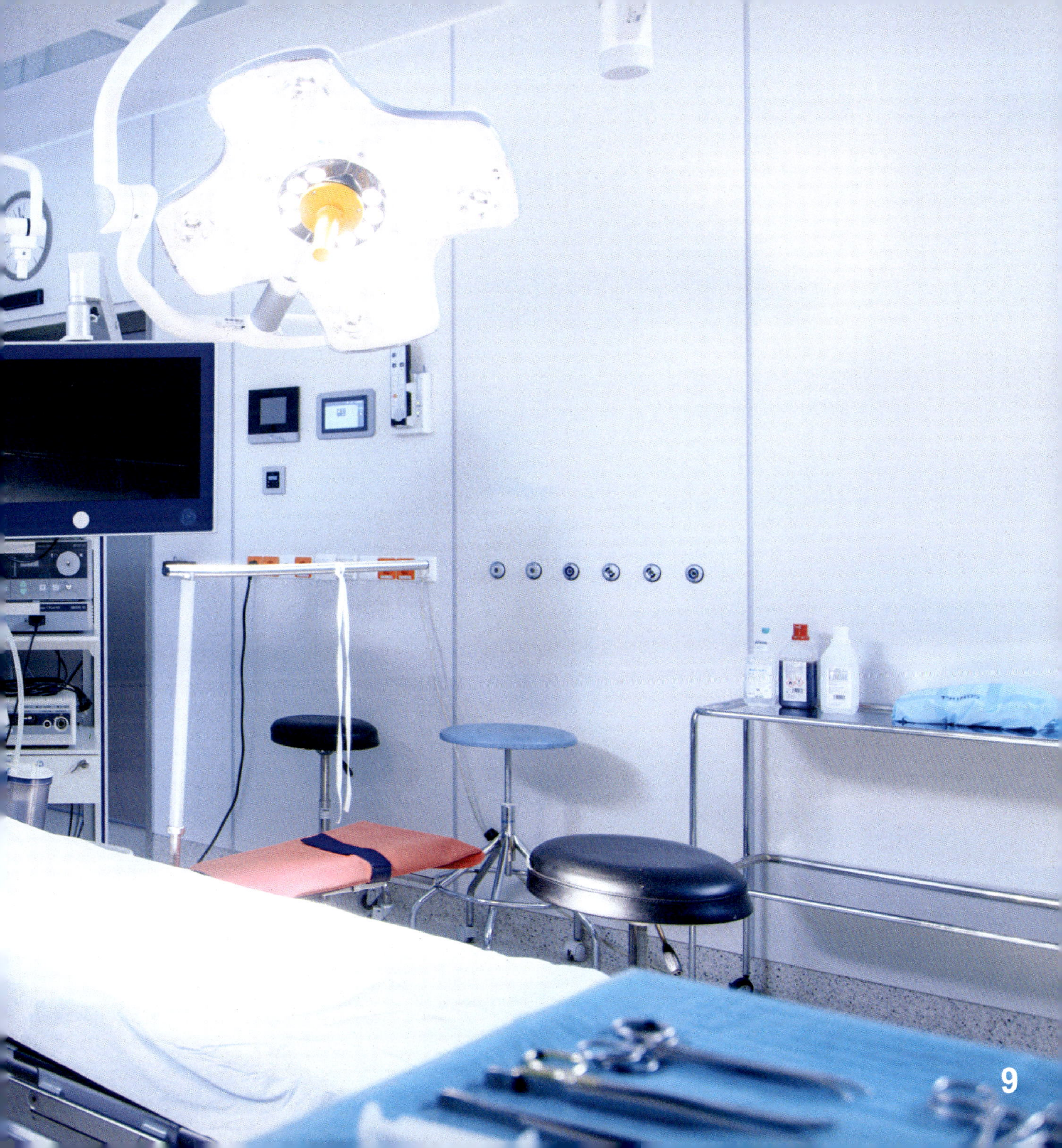

Les **chirurgies** sont faites dans une salle d’opération.

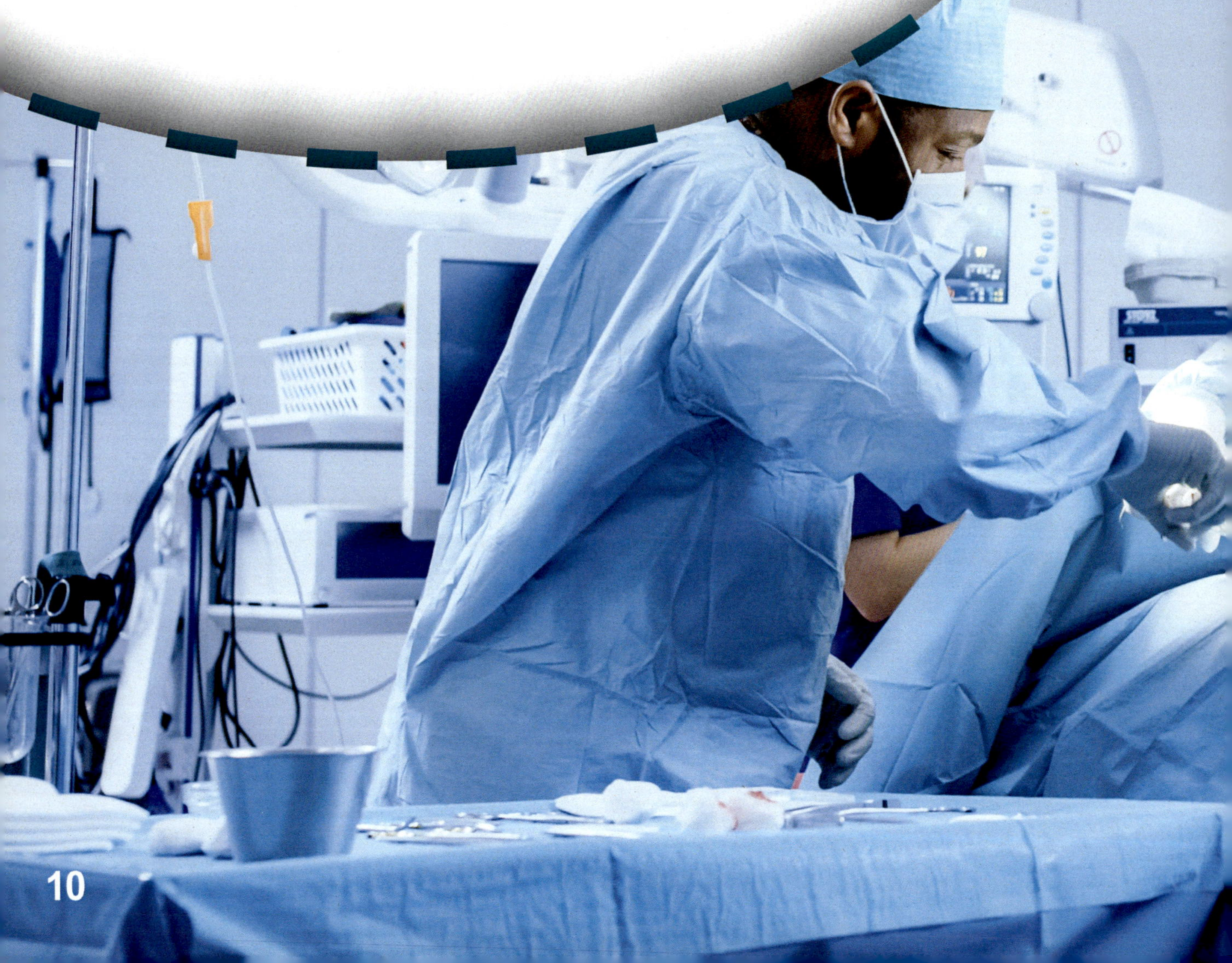

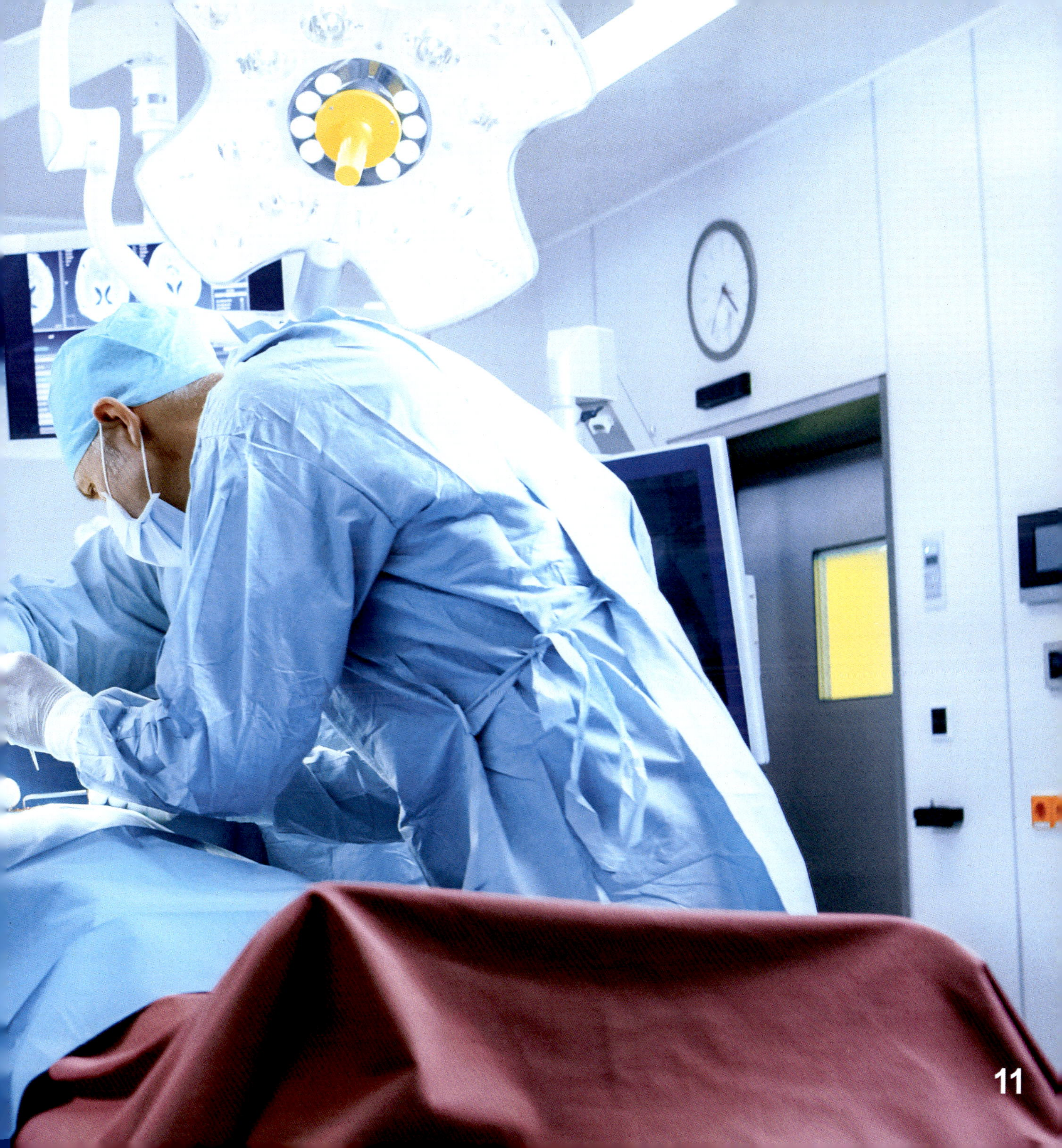

Certaines chambres de l'hôpital ont des appareils de radiographie (rayons-X).

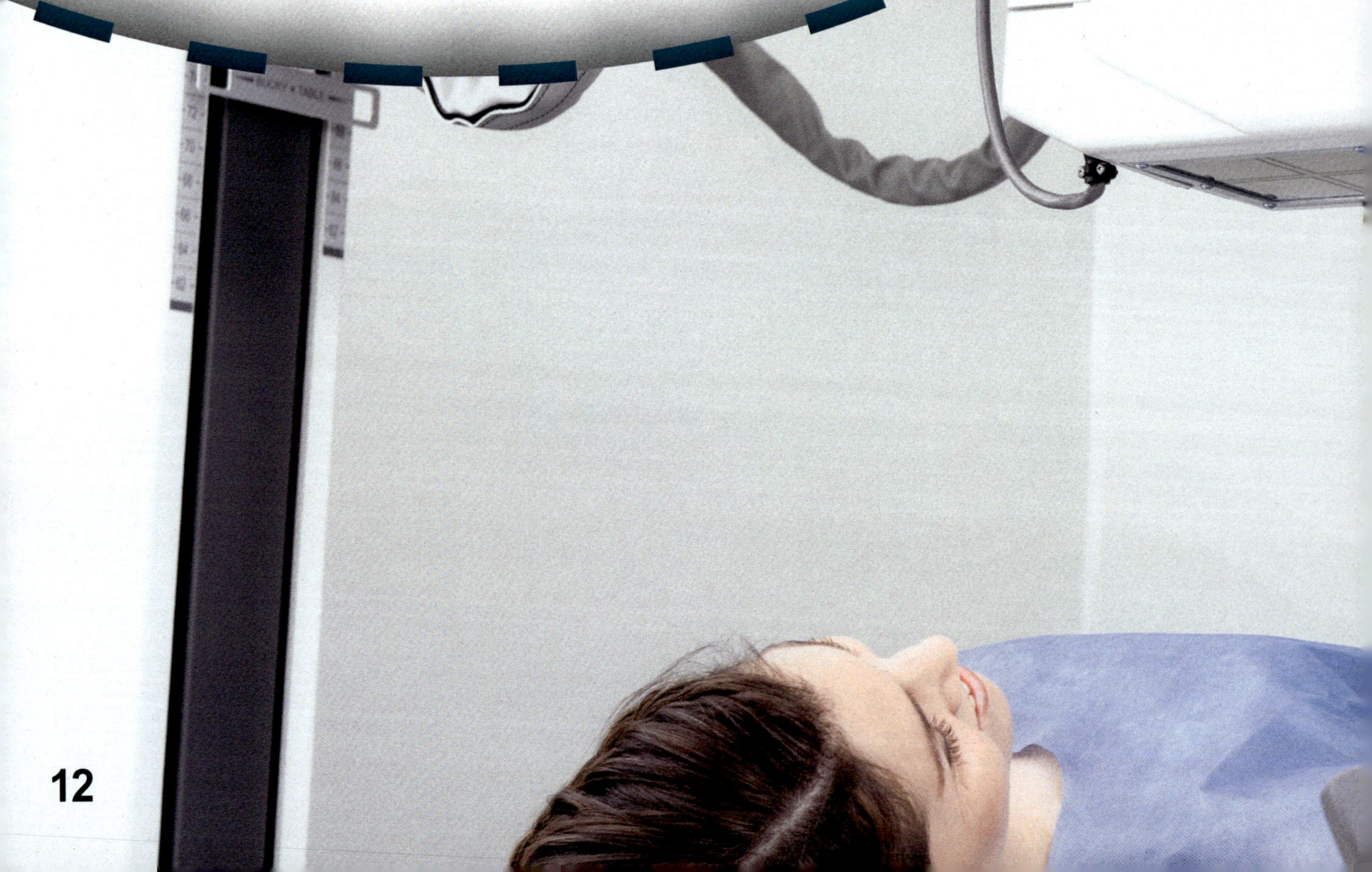

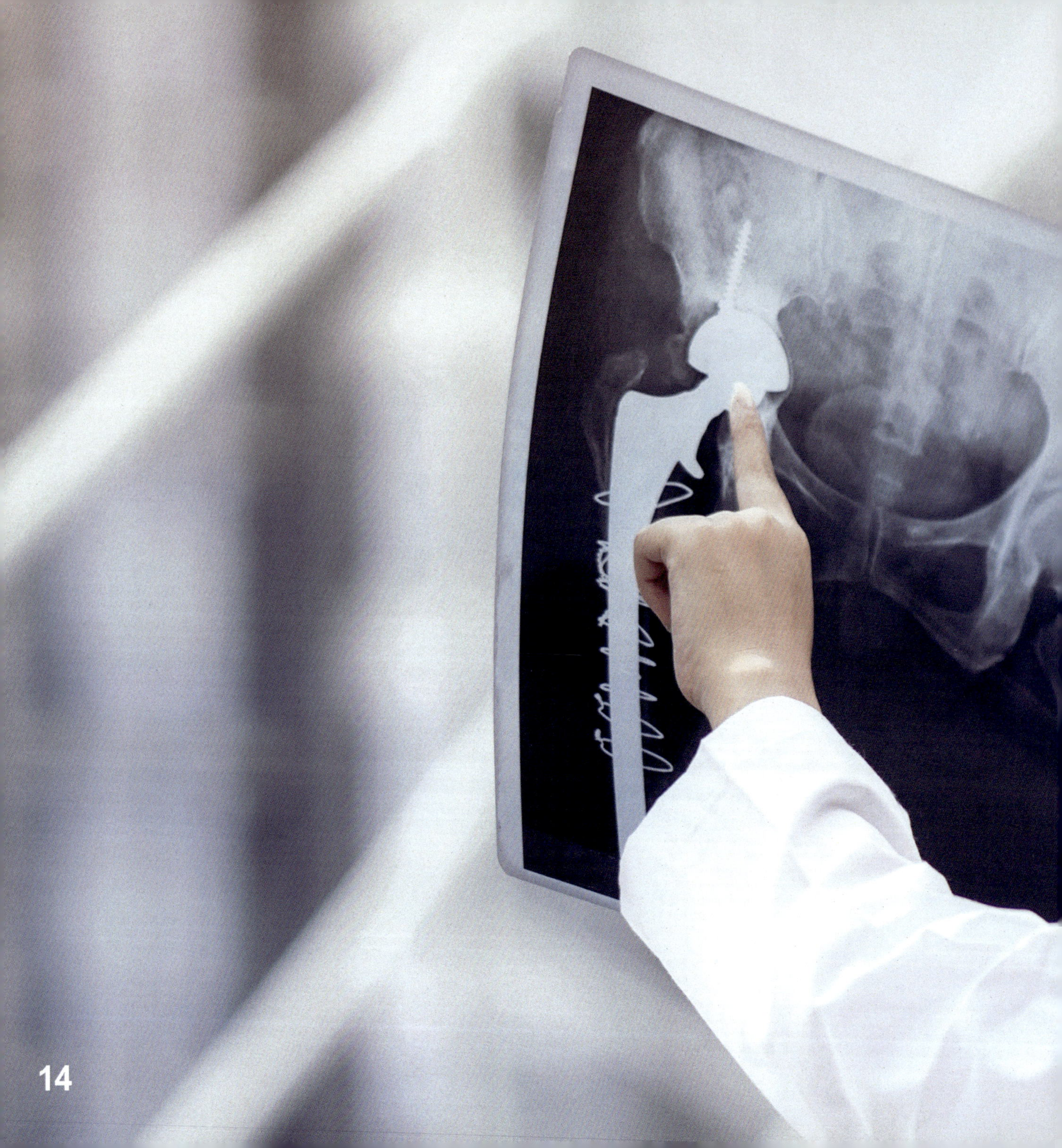

Une radiographie ressemble à ça.

AMBULANCE

Les ambulances amènent rapidement les patients à la **salle des urgences**.

Ma petite sœur est née à l'hôpital local.

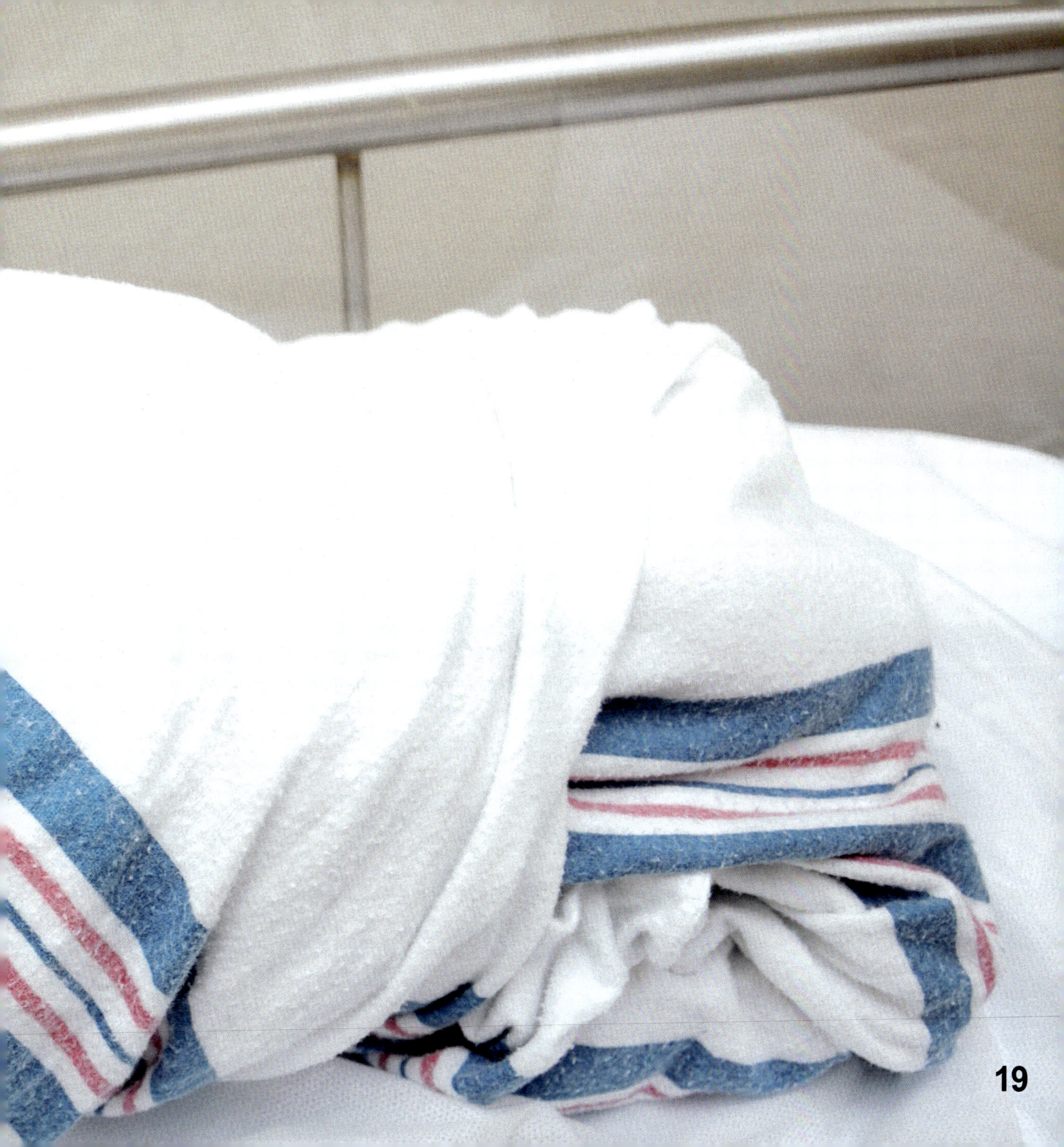

Pendant que j'attendais dans la salle d'attente.

Glossaire

chirurgies (chi-rur-gi) : Les chirurgies sont faites par les médecins et les infirmières. Ils utilisent des outils spéciaux pour soigner le corps d'un patient. Le patient est normalement endormi profondément durant l'opération.

hôpital (o-pi-tal) : Un hôpital est un endroit où les personnes vont quand elles sont malades ou blessées et quand elles ont besoin de soins particuliers.

local (lo-cal) : Local veut dire que c'est proche de ta maison ou de ta ville.

patients (pa-sian) : Les patients sont des personnes malades ou blessées qui ont besoin d'un médecin.

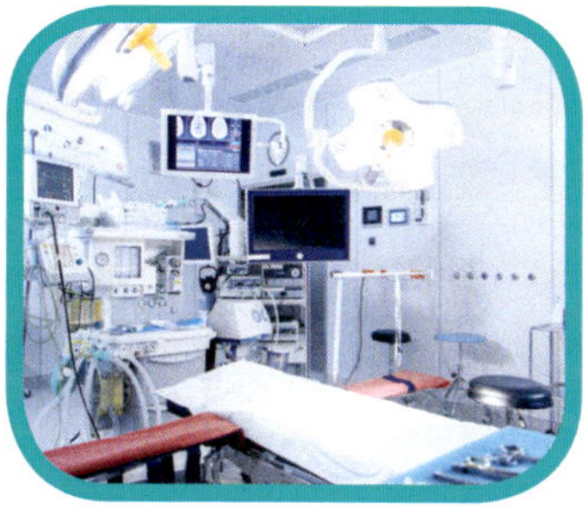

salle d'opération (sal do-pé-ra-sion) : La salle d'opération est l'endroit où les médecins et les infirmières utilisent des outils médicaux spéciaux pour soigner le corps d'un patient.

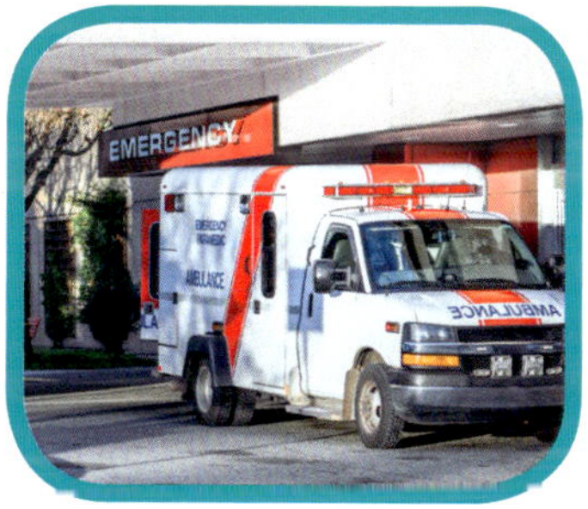

salle des urgences (sal dè zur-jen-s) : La salle des urgences est l'endroit où tu vas quand tu es sérieusement blessé(e) ou malade et que tu as besoin d'aide rapidement.

Index

Soutien de l'école à la maison pour les gardien(ne)s et les enseignant(e)s.

Ce livre aide les enfants à se développer grâce à la pratique de la lecture. Voici quelques exemples de questions pour aider le(a) lecteur(-trice) à développer ses capacités de compréhension. Des suggestions de réponses sont indiquées.

Avant la lecture

- Quel est le sujet de ce livre? Je pense que ce livre parle d'un hôpital. Cela pourrait nous dire pourquoi les hôpitaux sont si importants.
- Qu'est-ce que je veux savoir sur ce sujet? Je veux en savoir plus sur les personnes qui travaillent dans les hôpitaux.

Durant la lecture

- Je me demande pourquoi... Je me demande pourquoi les gens ont besoin de radiographies.
- Qu'est-ce que j'ai appris jusqu'à présent? J'ai appris que les médecins et les infirmières travaillent dans les hôpitaux.

Après la lecture

- Nomme quelques détails que tu as retenus. J'ai appris qu'il y avait différentes chambres dans un hôpital. Il y a des chambres avec des lits pour les patients. Il y a une salle d'opération et une salle des urgences.
- Écris les mots peu familiers et pose des questions pour mieux comprendre leur signification. Je vois le mot ***chirurgies*** à la page 10 et le mot salle des ***urgences*** à la page 17. Les autres mots de vocabulaire se trouvent aux pages 22 et 23.

Crabtree Publishing Company
www.crabtreebooks.com 1–800–387–7650

Version imprimée du livre produite conjointement avec Blue Door Education en 2021.

Crédits photos : Couverture photo © Monkey Business Images, logo hôpital © TotemArt, p. 2 3 hôpital © Spiroview Inc, fille © Patrick Foto; p. 4 5 © wavebreakmedia; p. 6 7 © Monkey Business Images; p. 8 9 et 10 11 © Gorodenkoff; p. 12 13 © Tyler Olson; p. 14 15 © NaruFoto; p. 16 17 © blurAZ; p. 18 19 © rSnapshotPhotos; p. 20 21 © Monkey Business Images, p. 22 salle des urgences © Viktor Birkus, édifice © Wozzie. Toutes les photos de Shutterstock.com

Imprimé au Canada/042021/CPC

Auteur : Alan Walker
Coordinatrice à la production et technicienne au prepress : Amy Salter
Coordinatrice à l'impression : Katherine Berti
Traduction : Claire Savard

Publié au Canada par Crabtree Publishing
616 Welland Ave.
St. Catharines, ON
L2M 5V6

Publié aux États-Unis par Crabtree Publishing
347 Fifth Ave
Suite 1402-145
New York, NY 10016

Catalogage avant publication de Bibliothèque et Archives Canada

Disponible à Bibliothèque et Archives Canada